Un día en la vida de un bombero

por Helen Gregory

Consultora:
Adria F. Klein, Ph.D.
California State University, San Bernardino

capstone
classroom
Heinemann Raintree • Red Brick Learning
division of Capstone

Los bomberos están muy ocupados en la estación de bomberos.

Revisan los camiones autobombas.

Revisan las mangueras.

Revisan las bocas de agua.

Los bomberos se apresuran cuando suena la alarma contra incendios.

Usan ropa gruesa que los protege del fuego.

Conducen los camiones autobombas hasta el incendio.

Usan mangueras para rociar agua sobre el fuego.

Los bomberos buscan a las personas que hayan quedado atrapadas.

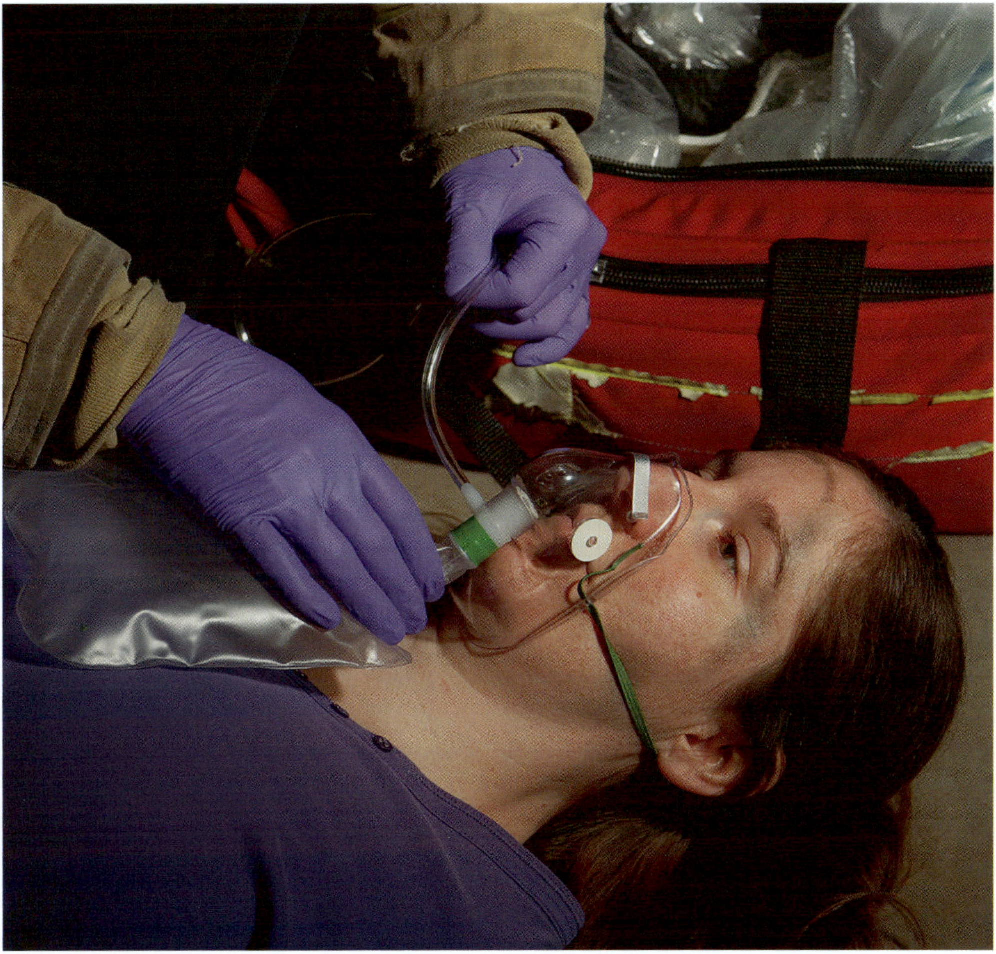

Ayudan a los heridos.

Rescatan a las personas que hayan quedado atrapadas.

Revisan las alarmas contra incendio en las casas.

Enseñan a los niños a prevenir los incendios.

Les dicen a los niños qué hacer en caso de incendio.

¡Estamos orgullosos de nuestros bomberos!